7 SECRETOS DE LA ARMADURA DE DIOS

JORGE BARRRIENTOS

AF554969

Sitio web:

www.jorgebarrientos.org[1]

Correo electrónico:

barrientosjaf@gmail.com

Donaciones:

paypal.me/jafbarrientos[2]

Copyright © Jorge Barrientos

Todos los derechos reservados.

Está prohibido de manera expresa la reproducción total o parcial de esta obra, ya sea por medios analógicos o digitales, sin contar con la autorización previa del autor.

1. https://www.jorgebarrientos.org/

2. https://www.paypal.com/donate/?hosted_button_id=DTCGGKVDVYD2S

Tabla de Contenido

DEDICACIÓN

Dedico este libro a aquellos que han luchado en la guerra espiritual y han enfrentado las asechanzas del diablo. Que este libro les brinde el conocimiento necesario para fortalecer su fe y permanecer firmes en el Señor. A todos aquellos que han sido llamados a servir, que este libro les recuerde que no están solos y que Dios les ha provisto de una armadura espiritual poderosa para vencer en cualquier batalla espiritual que se les presente. Que este libro sea de ayuda para fortalecer la fe y equiparse para la guerra espiritual.

AGRADECIMIENTOS

Agradezco a Dios: por su amor, por su misericordia, por su bondad, por su paciencia, por su preparación, por su conocimiento y por todo lo que Él me ha dado. Por permitirme ser un instrumento en su obra. Agradezco a mi esposa Julia por su apoyo incondicional en cada batalla que hemos peleado juntos. Agradezco a la hermana Ana y a la hermana Karla, dos jóvenes que fueron valientes para la preparación más duras y fuertes en sus vidas.

Muchas gracias mí amado Padre Celestial por ser mi guía en todo momento. Muchas gracias mi amigo Jesús por todo lo que me has enseñado desde que te conocí cara a cara.

Muchas gracias mi amigo Espíritu Santo por ser mi guía en todo tiempo y fuente de fortaleza y por estar ahí para mí aun en los momentos más difíciles en mi vida.

¡Muchas gracias mí amado Dios!

INTRODUCCIÓN

La vida cristiana no es un camino fácil. A menudo nos enfrentamos a desafíos, batallas y guerra espiritual que ponen a prueba nuestra fe en Cristo Jesús. Es por eso que Dios nos ha provisto de una armadura espiritual muy poderosa para protegernos y ayudarnos a mantenernos firmes en nuestra fe.

La armadura de Dios se menciona en la Biblia en Efesios 6:10-18, donde se nos exhorta a ponérnosla para poder resistir las artimañas del diablo. La armadura incluye el cinturón de la verdad, la coraza de la justicia, los zapatos del evangelio de la paz, el escudo de la fe, el casco de la salvación y la espada del Espíritu.

Exploraremos los secretos de cada pieza de la armadura y como nos ayuda a enfrentar las batallas contra los demonios que se presentan en nuestra vida, y cómo podemos fortalecer nuestra fe y nuestra relación con Dios al usarlos en la guerra espiritual.

La armadura de Dios no es algo simple ni algo común para tomarlo de menos; es una armadura muy real y poderosa que Dios nos ha dado para protegernos en nuestra vida diaria.

En este libro voy a compartir todo lo que he recibido de Dios para comprender cómo puede aplicarlo en su vida para estar preparado y protegido ante cualquier adversidad espiritual.

Era el año 2018, cuando un día el Señor Jesús me hizo la siguiente pregunta: ¿Quieres que te prepare para la guerra espiritual en un nivel más alto?, y luego me dijo que le hiciera la pregunta los demás que estaban conmigo en esa ocasión. Así que le pregunté a mi esposa, dos hermanas y un hermano.

Finalmente mi esposa y yo tomamos la decisión y dos hermanas mas dimos el sí al Señor en forma escrita. Esto fue el inicio de una fuerte y extensa batalla tras batalla y guerra espiritual las 24 horas por 14 días y luego paso a meses sin que tuviéramos descanso alguno.

Lo que está disponible en este libro no es cuento, no es ciencia ficción, no es invento de hombre, sino la revelación profunda y sincera escrita a mano por inspiración del Espíritu Santo durante los tiempos intensos de batallas y guerra espiritual.

Todo lo que está escrito en este libro lo recibí de parte del Señor Jesús en sus visitas continuas en mi casa y escrito a mano por inspiración del Espíritu Santo.

De ninguna manera es mi deseo hacer de esto doctrina o obligarlo a creer en ello. Sin embargo recibí la orden del Señor Jesús para escribirlo y compartirlo con usted. Por lo tanto espero que este libro sea de mucha edificación y bendición para su vida y le ayude a ser mejor guerrero y guerrera en sus batallas diarias.

Estamos llamados a luchar la buena batalla de la fe, y la armadura de Dios es nuestra mejor arma de defensa, resistencia y de ataque espiritual. Es tiempo de prepararnos y ponerla en práctica. ¡Vamos a explorar juntos los 7 secretos de la armadura de Dios!

FORTALECERNOS EN EL SEÑOR

La epístola a los Efesios en el Nuevo Testamento de la Biblia es una fuente de consejo y guía para los cristianos en su camino de fe. En ella, encontramos muchas enseñanzas valiosas sobre cómo podemos fortalecernos y crecer en nuestra relación con Dios.

El apóstol Pablo escribe a los Efesios y les dice que se fortalezcan en el Señor y en el poder de su fuerza. Esto significa que debemos confiar en la fortaleza y el poder de Dios para enfrentar los desafíos de la vida. Nuestra propia fuerza y habilidad no son suficientes para enfrentar las asechanzas del diablo y las tentaciones del mundo.

El pasaje bíblico "*Por lo demás, hermanos míos, fortaleceos en el Señor, y en el poder de su fuerza. Vestíos de toda la armadura de Dios, para que podáis estar firmes contra las asechanzas del diablo*"

El apóstol Pablo escribió estas palabras para exhortar a los cristianos de Éfeso y, por extensión, a todos los cristianos de todas las épocas, a fortalecerse en el Señor y en su poder. La vida cristiana es una lucha espiritual constante, y es importante estar fortalecidos y preparados para enfrentar las asechanzas del diablo.

Fortalecerse en el Señor es un proceso que implica cultivar nuestra relación con Dios a través de prácticas espirituales. Aquí están los principios para fortalecerse en el Señor:

Oración: La oración es una forma de comunicación con Dios y es fundamental para fortalecer nuestra relación con Él. A través de la oración, podemos pedir orientación, ayuda, perdón y agradecerle por todo lo que Él nos ha dado.

Estudio de la Biblia: La Biblia es la Palabra de Dios y nos ofrece una guía para vivir nuestras vidas. Estudiar y meditar en las Escrituras nos ayuda a comprender la voluntad de Dios y a fortalecer nuestra fe.

Comunión con otros cristianos: Compartir nuestra fe y nuestras luchas con otros cristianos puede ser muy útil para fortalecernos en el Señor. La iglesia nos ofrece apoyo, ánimo y amistad.

Ayuno: El ayuno es una forma de negar nuestra carne y someternos a la voluntad de Dios. Al hacerlo, podemos fortalecer nuestra relación con Él y obtener una mayor crecimiento espiritual.

Adoración: La adoración es una forma de honrar y glorificar a Dios. Al hacerlo, podemos conectarnos con Él a un nivel más profundo y experimentar su presencia.

Fortalecerse en el Señor implica cultivar una relación continua con Dios y pueden ayudarnos a crecer en nuestra fe y a estar más preparados para enfrentar las pruebas, tentaciones y las batallas de la vida.

Es necesario fortalecernos en el Señor y vestirnos de la armadura de Dios para poder estar firmes contra las asechanzas del diablo. Al hacerlo, estaremos preparados para enfrentar cualquier situación y resistir las tentaciones del enemigo en nuestra vida diaria.

LA ARMADURA DE DIOS

La armadura de Dios es utilizada en la Biblia para describir un conjunto de piezas espirituales que se nos dan para enfrentar los desafíos de la vida cristiana y luchar contra el mal. El apóstol Pablo habla a los Efesios, donde describe cómo debemos equiparnos para enfrentar las fuerzas del mal en el mundo.

La armadura de Dios consta de varios elementos, como el cinturón de la verdad, la coraza de justicia, el escudo de la fe, el casco de salvación y la espada del Espíritu. Cada uno de estos elementos tiene una función específica y es importante para nuestra protección en la batalla y para obtener resistencia espiritual.

Aprender sobre la armadura de Dios puede ayudarnos a entender cómo podemos enfrentar los desafíos de la vida cristiana y vivir de acuerdo con la voluntad de Dios.

Importancia de la Armadura

La armadura de Dios es de gran importancia en la batalla espiritual, ya que nos ayuda a resistir y vencer las fuerzas del mal. Como creyentes, estamos constantemente luchando contra las tentaciones y los ataques del enemigo, que busca destruir nuestra fe y apartarnos de Dios. Sin embargo, al equiparnos con la armadura de Dios, podemos enfrentar estos desafíos con confianza y seguridad en la protección divina.

Cada elemento de la armadura de Dios es importante en la lucha espiritual. La verdad nos protege de las mentiras del enemigo, la justicia nos ayuda a mantenernos firmes en nuestros valores y principios, la fe nos da la confianza en la ayuda divina, la salvación nos recuerda la gracia de Dios en nuestras vidas, y la Palabra de Dios nos guía y nos da fuerza para enfrentar cualquier situación.

La armadura de Dios es necesaria para cualquier cristiano que desee vivir una vida de fe y obediencia a Dios. Nos protege del mal y nos da la fuerza para superar cualquier obstáculo que se presente. Al estar equipados con la armadura de Dios, podemos estar seguros de que estamos preparados para cualquier batalla espiritual que se presente en nuestra vida diaria.

Características de la Armadura

Ahora conozca características de la armadura de Dios que se presentan a continuación:

Espiritual: La armadura de Dios es espiritual y no física, lo que significa que no se trata de una protección física o material, sino de una protección espiritual para las batallas diarias.

Completa: La armadura de Dios está compuesta por diferentes partes, que juntas forman una protección completa para el creyente.

Divina: La armadura de Dios es divina, lo que significa que proviene de Dios y no del hombre. Esto lo hace mucho más interesante porque nuestras armas son poderosas en Dios.

Eficaz: La armadura de Dios es eficaz para proteger al creyente de las asechanzas del diablo y de los poderes espirituales malvados.

Permanente: La armadura de Dios es permanente y no temporal, lo que significa que está diseñada para proteger al creyente en todo momento y en cualquier situación todos los días del año y año tras año.

Accesible: La armadura de Dios es accesible para todo aquel que cree en Dios y está dispuesto a utilizarla para enfrentar la batalla espiritual.

Vital: La armadura de Dios es vital para la vida cristiana y para enfrentar las pruebas y tentaciones del mundo. Es necesaria para caminar con seguridad y confianza en Dios.

La armadura de Dios es personal y accesible para vestirse todos los días. La armadura tiene la capacidad de renovarse ilimitadamente cuando es necesario, revestirse de poder, fuego y de la gloria de Dios para pelear las batallas de alto nivel en la guerra espiritual.

El Cinturón de la Verdad

El cinturón de la verdad es el primer componente de la armadura de Dios. En la época de los romanos, el cinturón era el componente central de la armadura, y se usaba para sostener todas las demás piezas. De manera similar, el cinturón de la verdad es la base sobre la cual se sostiene toda nuestra armadura espiritual.

En un sentido espiritual, el cinturón de la verdad nos ayuda a mantenernos firmes en la verdad de Dios y a protegernos contra la mentira y el engaño.

La verdad es un valor fundamental en la vida cristiana. Jesús dijo: "Yo soy el camino, la verdad y la vida" (Juan 14:6). La verdad nos protege contra la mentira y el engaño, que son herramientas comunes que el enemigo utiliza para atacarnos. Cuando vivimos en la verdad, nos protegemos contra las fuerzas del mal y somos libres para vivir en la justicia.

La justicia y la verdad están intrínsecamente ligadas. La justicia es hacer lo que es correcto, y esto solo es posible cuando se vive en la verdad. La mentira y el engaño pueden llevarnos por el camino equivocado y llevarnos a hacer cosas que son moralmente incorrectas. Pero cuando vivimos en la verdad, estamos alineados con la voluntad de Dios y somos capaces de hacer lo que es justo.

Además de protegernos contra la mentira y el engaño, el cinturón de la verdad también nos ayuda a tener una vida coherente.

Cuando vivimos en la verdad, nuestras acciones y nuestras palabras están en armonía, lo que nos permite vivir con integridad y ser un testimonio vivo de la fe cristiana.

El cinturón de la verdad es esencial en nuestra vida cristiana. Nos protege contra la mentira y el engaño, nos permite vivir en la justicia y la integridad, y nos alinea con la voluntad de Dios. Es hora de ponernos el cinturón de la verdad y vivir en la honestidad y la verdad en todas las áreas de nuestra vida.

La Coraza de Justicia

La coraza de la justicia es el segundo componente de la armadura de Dios y su importancia es fundamental para los cristianos. En esta sección, exploraremos cómo la justicia es una virtud esencial para la vida cristiana y cómo la coraza de la justicia nos protege contra las injusticias y el mal.

La justicia es una de las características principales de Dios y su importancia se refleja a lo largo de las Escrituras. En la Biblia, la justicia se define como la conformidad con la voluntad divina y la virtud de dar a cada uno lo que le corresponde. La justicia de Dios es perfecta y nos da un ejemplo a seguir como cristianos.

Cuando se usa en el contexto de la armadura de Dios, la coraza de la justicia nos protege contra las injusticias y el mal que pueden atacarnos. La justicia actúa como una barrera que nos protege de las acciones injustas de los demás y nos ayuda a mantener nuestra integridad moral.

La coraza de la justicia también nos protege de nuestros propios deseos egoístas y nos ayuda a actuar en línea con la voluntad de Dios. Al estar revestidos de justicia, nos volvemos más conscientes de nuestras acciones y decisiones, lo que nos permite tomar decisiones más sabias y justas.

Además, cuando usamos la coraza de la justicia, estamos siendo testimonios vivos del carácter justo de Dios. Nuestras acciones justas son una muestra de la justicia de Dios en el mundo y ayudan a llevar la verdad y la justicia a aquellos que nos rodean.

La coraza de la justicia es una pieza clave de la armadura de Dios y su importancia para la vida cristiana es fundamental. Protege contra las injusticias y el mal, nos ayuda a actuar en línea con la voluntad de Dios y nos permite ser testigos vivos de su justicia en el mundo.

El Calzado del Evangelio de la Paz

Los zapatos del evangelio de la paz son el tercer componente de la armadura de Dios y es fundamental para la vida cristiana. En esta sección, exploraremos cómo el evangelio es la base de nuestra fe y cómo estos zapatos nos ayudan a llevar el mensaje de paz y amor a los demás.

El evangelio es el mensaje central del cristianismo y es la buena noticia de la salvación a través de Jesucristo. Es un mensaje de amor, perdón y reconciliación que transforma vidas y nos da una nueva identidad como hijos de Dios. Los zapatos del evangelio de la paz nos ayudan a llevar este mensaje a los demás y a ser agentes de paz en el mundo.

Los zapatos del evangelio de la paz son símbolo de nuestra disposición a compartir el evangelio con los demás. Al ponernos estos zapatos, nos preparamos para caminar en cualquier dirección que Dios nos lleve para compartir el mensaje de paz y amor. Los zapatos nos brindan la protección y la preparación necesarias para caminar en la dirección que Dios nos guíe.

Además, estos zapatos también son para la protección de nuestros pies. En el tiempo bíblico, los caminos estaban llenos de peligros como piedras afiladas, espinas y serpientes. Los zapatos brindaban protección y les permitían caminar con seguridad a los primeros cristianos. Del mismo modo, los zapatos del evangelio nos protegen contra los peligros espirituales y nos permiten caminar con confianza en nuestro camino hacia la vida eterna.

Los zapatos del evangelio de la paz son una forma de proclamar la paz en un mundo lleno de violencia y conflicto. Al compartir el mensaje de paz y amor del evangelio, podemos contribuir a la creación de un mundo más justo, pacífico y amoroso.

El calzado de la paz es fundamental en la armadura de Dios y nos permiten llevar el mensaje de paz y amor a los demás. Protegen nuestros pies de los peligros espirituales y nos permiten caminar con confianza en nuestro camino hacia la vida eterna.

El Escudo de la Fe

El escudo de la fe es el cuarto componente de la armadura de Dios. En esta sección, exploraremos cómo la fe en Dios es fundamental para nuestra vida y cómo este escudo nos protege contra los ataques del enemigo.

La fe es la confianza en Dios y en su Palabra. Es la certeza de que Dios es fiel y que siempre cumplirá sus promesas. La fe nos da la fuerza para enfrentar los desafíos de la vida y nos da la confianza para enfrentar al enemigo.

El escudo de la fe nos protege contra los ataques del enemigo que intenta hacernos dudar de la fidelidad de Dios. El escudo nos permite mantenernos firmes en nuestra fe, incluso en los momentos más difíciles.

En el libro de Efesios 6:16, se nos dice que el escudo de la fe es capaz de apagar todos los dardos de fuego del maligno. Los dardos de fuego representan los ataques del enemigo en forma de tentaciones, mentiras y engaños. El escudo de la fe es nuestra defensa contra estos ataques y nos permite mantenernos firmes en nuestra fe.

El escudo de la fe es poderoso en la armadura de Dios. Nos protege contra los ataques del enemigo y nos permite mantenernos firmes en nuestra confianza en Dios y en su Palabra.

El Casco de la Salvación

El casco de la salvación es el quinto componente de la armadura de Dios. En esta sección, exploraremos cómo la salvación es fundamental para nuestra vida y cómo este casco nos protege contra los engaños y las tentaciones del enemigo.

La salvación es el regalo de Dios para nosotros a través de Jesucristo (Juan 3:16). Es la liberación del pecado y la muerte, y la promesa de vida eterna en Cristo. La salvación nos da una nueva identidad como hijos de Dios y nos permite vivir una vida plena y abundante.

El casco de la salvación es un símbolo de nuestra identidad en Cristo. Es una protección contra los engaños y las tentaciones del enemigo que intenta hacernos dudar de nuestra identidad en Cristo (Juan 1:12). El casco nos permite mantenernos firmes en nuestra salvación, incluso en los momentos más difíciles.

En el libro de Efesios 6:17, se nos dice que el casco de la salvación es la protección para nuestra cabeza. La cabeza es el lugar donde se encuentran nuestros pensamientos y emociones. El casco de la salvación protege nuestra mente y nos ayuda a pensar y sentir de acuerdo con la verdad de Dios.

El casco de la salvación es fundamental en la armadura de Dios. Nos protege contra los engaños y las tentaciones del enemigo y nos permite mantenernos firmes en nuestra identidad en Cristo y en la promesa de la salvación eterna.

La Espada del Espíritu

En Efesios 6:17, se nos dice que la espada del Espíritu es la palabra de Dios. Esta es la última pieza de la armadura de Dios, pero no es la menos importante. De hecho, es crucial para nuestra lucha contra las fuerzas del mal que nos rodean.

La palabra de Dios es poderosa y viva, y nos proporciona la sabiduría y el conocimiento necesario para resistir las tentaciones y los engaños del enemigo. Es una espada afilada que puede penetrar incluso en las partes más profundas de nuestra alma y espíritu.

A través de la lectura y el estudio de las Escrituras, aprendemos cómo Dios nos ha llamado a vivir, y cómo debemos responder a las pruebas y desafíos que enfrentamos. También descubrimos que, en Cristo, tenemos el poder para vencer las fuerzas del mal y vivir una vida plena y abundante.

Sin embargo, para poder usar efectivamente la espada del Espíritu, debemos estar familiarizados con la Palabra de Dios. Debemos leerla continuamente, meditar en ella y aplicarla a nuestras vidas. Solo entonces podremos estar preparados para enfrentar los ataques del enemigo y resistir las tentaciones que se nos presentan.

Además, también debemos estar dispuestos a compartir la palabra de Dios con otros. Como cristianos, tenemos la responsabilidad de proclamar la verdad de la Palabra de Dios a aquellos que nos rodean y llevar a otros a conocer a Cristo.

La espada del Espíritu es esencial en la lucha espiritual. La Palabra de Dios es nuestra arma más poderosa, y debemos aprender a usarla efectivamente para mantenernos firmes en nuestra fe y resistir las fuerzas del mal.

7 SECRETOS DE LA ARMADURA DE DIOS

Los secretos de la armadura no fueron recibidas de un día para otro de forma normal y cómoda. Es el resultado de haber pagado un precio muy alto en batallas continuas y guerra espiritual de alto nivel.

En todo lo que hemos vivido como mi esposa Julia y las dos hermanas: Ana y Karla, fue una extensa preparación en muchos ámbitos especialmente en la guerra espiritual por el Señor Jesús.

El Señor Jesús fue quien nos dirigió en todo lo que está escrito en este libro. Lo cual se recibió por inspiración divina al mismo tiempo que estábamos siendo preparados en nuevos niveles y dimensiones de la guerra espiritual.

Por lo tanto, este libro ha sido escrito para instruir al pueblo de Dios, en todo lo que se nos ha mostrado. Sin embargo, no es nuestra intención hacer de este conocimiento una nueva doctrina, porque no es necesario.

Esto es el resultado de lo que ya está escrito en la Palabra de Dios acerca de la armadura en el libro de Efesios capitulo 6 en los versículos del 10 al 18.

Detrás de cada historia bíblica, detrás de cada acontecimiento en la vida de hombres y mujeres de Dios, detrás de cada versículo importante, en cada profecía y misterios, está escondido las revelaciones más profundas que necesitan ser exploradas por los creyentes que tienen hambre de conocer más del reino de Dios.

Los secretos de la armadura contenidos en este libro tienen el propósito de bendecir al pueblo de Dios, esperando que las perlas escritas sean para edificación de la Iglesia.

Para lograr escribir este libro y poner el título del mismo, han pasado cinco largos años para poder concretarlo, debido a que estuve esperando la aprobación del Señor. Sin embargo, quería estar completamente seguro que Dios me había hablado, y todo este tiempo de espera ha sido por el temor al Señor Jesús.

Secreto #1

TIPOS DE ARMADURA DE DIOS

Esto es una revelación del Señor Jesús de los tipos de armadura espiritual mientras estábamos en intensas batallas, viviendo y mirando al mismo tiempo al mundo espiritual y el mundo físico.

El Señor Jesús estaba en mi casa por muchos días y semanas hablándome cada día y dándome instrucciones especificas para cada batalla y guerra que tenias que pelear.

El Señor Jesús me dio revelación que existen tres tipos de armadura espiritual. Desde el nivel más bajo hasta el nivel más alto. Así que vamos a descubrir todo sobre cada armadura y como usarlo en cada uno de los rangos de autoridad en la guerra espiritual.

Oración, Ayuno y Búsqueda

En la medida que el creyente ora, ayuna, y busca de Dios cada día, el Señor Jesús lo va capacitando y preparando espiritualmente.

Durante este tiempo de búsqueda y preparación espiritual, el Señor Jesús le da el primer tipo de armadura espiritual a cada creyente de manera personal. Esto puede suceder sin que usted se dé cuenta o que el Señor le hable y le permita ver y experimentar lo que está pasando en su vida.

Perseverancia en Dios

En la perseverancia que cada cristiano tiene en buscar de Dios cada día, como resultado de esto, el Señor Jesús se encarga de subirlo de autoridad, de rango, de poder y de dominio sobre el reino de las tinieblas.

Todo va de la mano, por así decirlo, es una conexión espiritual en conjunto de la autoridad que Dios le ha dado desde que entrega su vida a Cristo.

Luego le sigue el rango espiritual, esto es cuando el creyente es obediente y persevera en Dios cada día, y como resultado las batallas o luchas diarias son más fuertes y más difíciles a veces de soportar o vivir.

El poder solamente se obtiene si el cristiano ya ha sido bautizado por el Espíritu Santo. Es decir, que después del bautismo si el cristiano obedece y persevera puede alcanzar el poder de Dios a través del Espíritu Santo. Así que esto es muy importante en la vida del cristiano para poder resistir y hacer frente a las batallas y guerra ante las tinieblas.

El dominio espiritual es el resultado del cristiano cuando se convierte en un guerrero experto en su nivel o en su rango de batalla o guerra espiritual.

Por lo tanto la autoridad, el rango, el poder y el dominio en conjunto son necesarios y obligatorios para crecer espiritualmente y para ganar las batallas y guerra espiritual a nivel personal, a nivel familiar, a nivel de iglesia local, a nivel territorial (ciudad, colonia, cantón, barrio, país), a nivel aire (principados y gobernadores), y para el nivel ocultismo (adivinación, hechicería, brujos, dioses, nueva era, yoga, etc.)

Los tres tipos de armadura

Los tres tipos de armadura están disponible para todos los creyentes, tomando en cuenta que siempre se comienza de abajo en lo espiritual. Cada cristiano va subiendo de nivel o rango según el crecimiento espiritual que tenga y dependiendo de la preparación espiritual que tenga y de cómo enfrenta sus batallas espirituales diarias.

Lamento decir esto...

Lamento mucho decir esto, pero hay quienes que aceptaron al Señor y tuvieron un encuentro maravilloso, pero al pasar los años, estos creyentes se acostumbraron a vivir una vida cómoda sin oración, sin ayuno, sin búsqueda y entrega a Dios y libre de toda lucha espiritual.

Estos creyentes que no oran, que no buscan al Señor de todo corazón, sino que solo están allí para cubrir un espacio en una banca o un lugar en la congregación, ni siquiera tienen la armadura del nivel más bajo.

También están los creyentes que por lo general están muertos espiritualmente, y su vida está llena de actividades en la Iglesia pero vacías de Dios y no tienen el Espíritu Santo.

Para estos creyentes que viven así, necesitan urgentemente ponerse a cuentas con el Señor Jesús, convertirse verdaderamente, y buscar al Señor de todo corazón de manera constante.

Secreto #2

RANGOS DE GUERRA ESPIRITUAL

"Porque no tenemos lucha contra sangre y carne, sino contra principados, contra potestades, contra los gobernadores de las tinieblas de este siglo, contra huestes espirituales de maldad en las regiones celestes" – Efesios 6:12

En este versículo el apóstol Pablo hace referencia a los niveles o rangos de batalla y guerra espiritual, comenzando del nivel más alto al más bajo en la jerarquía de cómo está organizado el diablo y los demonios.

La manera más fácil de entender esto en la vida práctica es comenzar a explicar del nivel o rango más bajo y explicar hasta el nivel o rango más alto en lo espiritual así como lo recibí del Señor Jesús.

Huestes espirituales de maldad

Estos son los demonios encargados de hacer el trabajo en contra de las personas. Estos se pueden anidar en la persona al grado de influenciar o tentar, oprimir, atacar o poseer, y también los que son enviados a personas en particular, a casas o iglesias.

Estos se encargan de realizar el trabajo de manera directa, y son también los que mejor nos conocen, saben cuáles son nuestras debilidades, nuestras luchas, nuestros problemas y que mediante ese conocimiento de nosotros mismos es que lo usan en nuestra contra para atacar en cada una de las áreas en las que nos falta ser fuertes y carecemos de protección espiritual.

Si usted ha escuchado alguna vez acerca del hombre fuerte, o espíritus guías, o espíritus familiares, estos están directamente relacionados con cada persona en particular sea cristiano o no lo sea.

Cuando hablamos de huestes espirituales de maldad, nos referimos también a legiones de demonios. Tomando en cuenta las diferentes referencias acerca de cómo está constituida una legión, se entiende que abarca alrededor de seis mil demonios por legión.

Las huestes de maldad abarcan los demonios de división, mentira, engaño, hipnosis, chismes, pleitos, altivez, orgullo, enojo, ira, odio, lujuria, sexo libre, enfermedades, falsas doctrinas, espíritus religiosos, etc. Los cuales influencian en menor o mayor medida en cada una de las personas sean cristianas o no lo sean.

Las huestes de maldad son el nivel de batalla espiritual más bajo que un cristiano debe si o si luchar cada día, dependiendo como haya sido su vida antes de venir a Cristo, y de la vida de pecado que haya tenido anteriormente, de todo eso dependerá el nivel de tentación e influencia demoniaca en la vida personal del cristiano.

En este nivel o rango de batalla espiritual se debe usar la armadura de bronce, la cual es muy efectiva para las batallas en contra de las huestes de maldad y asimismo poder resistir y obtener victoria.

Potestades

Estos son demonios de menor jerarquía y están a cargo de zonas más pequeñas en las cuales ejercen dominio.

Las potestades pueden lograr tener dominio sobre familias, sobre matrimonios, sobre jóvenes y niños. Estos demonios son los que ejercen las influencias a nuestra sociedad cristiana que trata de vivir en paz.

La sociedad actual esta desconectada con las cosas de Dios, y tienen una conexión directa con el consumismo, con la diversión y el entretenimiento. Al mismo tiempo la Iglesia del Señor se distrae con las cosas de este mundo y deja de enfocarse en Dios y en lo que El nos quiere otorgar como parte de sus promesas.

Nada de lo que sucede en este mundo es casualidad, todo tiene un trasfondo oscuro. Recuerde que vivimos en un mundo regulado por la trampa del engaño, y lo sufrimos cada día.

Las potestades son las que utilizan la mente y el corazón de las personas para realizar los actos de maldad que vemos en el mundo, en las colonias, en las ciudades, en cada país, y en el hogar.

Por lo tanto, en este nivel o rango de batalla espiritual se debe usar la armadura de plata, la cual es muy efectiva para las batallas contra las potestades y asimismo poder resistir y obtener victoria.

Gobernadores de las tinieblas

Estos son los que gobiernan sobre la obscuridad en el mundo. Los gobernadores son los encargados de determinar qué es lo que se hace y cuando se hace, y los ejecutores de los planes de las tinieblas son las potestades y las huestes de maldad

Los gobernadores de las tinieblas son aquellos que ejercen autoridad sobre los seres de obscuridad de menor rango (potestades, huestes de maldad), a quienes les dan órdenes y tareas específicas que deben cumplir contra los hijos de Dios y contra los que no son cristianos.

Por lo tanto, en este nivel o rango de batalla espiritual se debe usar la armadura de oro, la cual es muy efectiva para las batallas contra los gobernadores y asimismo poder resistir y obtener victoria.

Principados

Estos son los que deciden que hacer sobre algún países o países, continentes. Ejercen influencia sobre quien gobierna sobre un país, una cultura o un continente.

Hay países que son gobernados por un principado de maldad y operan en aquella región o lugar, y el resultado es el registro de una incidencia grande de pecado o manifestación demoníaca como el pecado de idolatría, hechicería, etc.

En ciertas culturas, es posible notar patrones de comportamiento repetitivo en relación a los pecados más comunes en una región en particular. Esto se debe, en gran medida, a los principados que gobiernan esa zona específica del mundo.

Las batallas contra los principados tienen que ser peleadas con la dirección del Espíritu Santo. También este tipo de batalla tiene que ser peleadas teniendo una vida en el Espíritu.

En la actualidad, es muy importante romper con el espíritu de estancamiento y falta de crecimiento. Existe una fuerza espiritual que se opone al crecimiento numérico de la iglesia, por lo que debemos aprender a luchar en nuestra guerra espiritual para que Dios pueda destruir las fortalezas de maldad que limitan nuestro progreso. Es fundamental comprender esta lucha y combatirla en el Espíritu para poder romper con el estancamiento.

Por lo tanto, en este nivel o rango de batalla espiritual se debe usar la armadura de oro, la cual es muy efectiva para las batallas contra los principados y asimismo poder resistir y obtener victoria.

En resumen, la armadura de bronce es para las batallas contra las huestes de maldad, la armadura de plata para las batallas contra las potestades de las tinieblas, y la armadura de oro es para las batallas contra los gobernadores y contra los principados del diablo.

Secreto #3
LA ARMADURA DE BRONCE

Esta armadura espiritual es el nivel más bajo de los tres tipos de armadura, es decir, esta armadura es dada al creyente para comenzar su preparación, adiestramiento y para tener una vida de victoria.

El creyente que tiene este tipo de armadura está apto para luchar contra los demonios del más bajo nivel, las huestes de maldad. Nunca vaya a menospreciar este tipo de armadura. Aquí se comienzan a experimentar los primeros ataques del enemigo, los cuales no son fáciles, y aquí comienza el adiestramiento para poder resistir al enemigo y luego lograr victorias en Cristo Jesús.

A través de la armadura de bronce el creyente está siendo capacitado para vencer en las batallas diarias y en la guerra espiritual pero no está preparado para entrar en liberación de demonios en las personas a un nivel más fuerte como lo es la posesión demoniaca.

El creyente que tiene este tipo de armadura se identifica por tener hambre de Dios, es decir, es un creyente con un anhelo y deseo de conocer a Dios y la Biblia y se esfuerza en buscarlo de todo corazón, en oración, en ayuno, vive en santidad, ama y obedece al Señor.

En este nivel de armadura espiritual, si el creyente se mantiene perseverando, pronto ascenderá al siguiente nivel de rango para obtener la armadura de plata.

Cuando el Señor Jesús me otorgó la armadura, fui rodeado por muchos ángeles que descendían y ascendían del cielo. Cada uno de ellos traía consigo una pieza de la armadura de bronce que el Señor Jesús colocaba cuidadosamente en mi espíritu.

Cuando una pieza de esta armadura está desgastada o ha sufrido daño o ya hemos sido adiestrados, el Señor Jesús cambia esa pieza en particular y la cambia por otra del mismo color o del siguiente nivel o rango, según la capacidad de adiestramiento y experiencia que haya ganado el guerrero cristiano en las batallas diarias.

Algo que puede le asombre es que en este nivel la espada es la más común, y no es la espada de doble filo.

Por consiguiente, si un creyente se aventura a retar o confrontar al enemigo que tenga un rango superior, es probable que termine lesionado, dañado o incluso sufra una derrota. La razón de ello radica en la falta de preparación para afrontar batallas de tal envergadura.

En caso de que el creyente sea nuevo en la fe y desconozca el poder y utilidad de la armadura de Dios, se sugiere que no se involucre en la guerra espiritual, ya que aún no se encuentra preparado para este tipo de enfrentamientos. No obstante, es importante que el creyente se fortalezca en el Señor, resistiendo las tentaciones, tome su cruz diariamente y negándose a sí mismo.

Una vez que el creyente haya logrado vencer sus propias batallas personales, se encontrará en una posición más adecuada para involucrarse en la guerra espiritual, apoyando a otros hermanos en la fe y reprendiendo al enemigo.

Secreto #4

LA ARMADURA DE PLATA

La armadura de plata representa el segundo nivel de preparación y capacitación para el creyente en la lucha contra los demonios, incluyendo las potestades de las tinieblas. Con la armadura de plata, el creyente puede comenzar a entrenarse en áreas como la sanidad, la intercesión de guerra y la liberación de personas. Sin embargo, aún no está preparado para enfrentarse directamente al diablo.

En caso de que el diablo se le presente, es importante que no tenga temor, ya que es un enemigo derrotado, pero no debe subestimarlo. Si el creyente vive en santidad y obediencia a Dios, el enemigo no puede causarle daño, pero su cuerpo puede debilitarse hasta el punto de desmayo si no está espiritualmente preparado y capacitado para enfrentar la situación.

Si ya ha recibido el bautismo del Espíritu Santo, Él lo fortalecerá y lo ayudará a mantenerse firme en momentos de prueba. Aunque estos casos no son muy comunes, es importante hacer esta advertencia.

En este nivel de armadura espiritual, si el creyente persevera, pronto ascenderá para obtener una armadura más elevada y poderosa.

Recuerdo cuando el Señor Jesús me revistió con esta armadura, había numerosos ángeles presentes. Cada ángel traía una pieza de la armadura, y el Señor Jesús la ajustaba en su lugar para protegerme en la batalla espiritual.

En mi experiencia, solía hacer mayor uso de la espada en comparación con otras piezas de la armadura. En consecuencia, durante las horas por la tarde y durante la noche, cuando mis batallas eran particularmente intensas, mi mano derecha sufría fuertes dolores que podían durar varias horas o incluso días.

En otros días, cuando hacía mayor uso del escudo, mi brazo izquierdo presentaba dolores similares e igualmente intensos. Este fenómeno demuestra cómo lo espiritual puede afectar tanto positiva como negativamente al cuerpo humano.

Secreto #5
LA ARMADURA DE ORO

La presente armadura espiritual representa el rango más elevado en la jerarquía de preparación y capacitación para el creyente en su lucha contra los poderes de las tinieblas. Sin embargo, alcanzar este nivel es un camino arduo que puede tomar años e incluso la vida entera sin llegar a conseguirlo, debido a que requiere una gran dedicación en cuanto a santidad y obediencia incondicional a Dios.

Una vez que se alcanza este nivel, Dios otorga al creyente la capacidad de liberar a otros en el ámbito de la sanidad y la liberación, permitiendo una restauración completa para aquellos que son liberados por medio de Cristo.

Este nivel requiere una mayor preparación en lo espiritual donde Dios usa al creyente a deshacer pactos satánicos en el espíritu y puede luchar contra legiones de demonios, contra potestades, principados, gobernadores y contra satanás.

Jesús es el que decide que armadura debe llevar cada creyente. A veces El cambia piezas en la armadura y nos capacita más para ser más fuertes en Él.

Este nivel es único, donde el creyente recibe la espada de doble filo. Esta espada es la más temida por el enemigo, ni el diablo puede soportar las heridas de esta espada. Hasta el momento he visto que el enemigo llora y huye herido cuando he luchado contra él con esta espada.

Cuando el creyente va subiendo de rango, Jesús le da más poder, más autoridad, más llenura y fuego del Espíritu Santo, para hacerle frente a las batallas o guerra contra el enemigo.

En este nivel hay más unción, más discernimiento, más revelación y el creyente es más efectivo y más usado por el Señor.

Durante una experiencia en la noche, mientras estaba fuera de mi cuerpo en el Espíritu, tuve una intensa batalla que duró toda la noche este año. Durante esta lucha, me enfrenté a numerosas legiones de demonios.

El ambiente que me rodeaba estaba sumido en la oscuridad y la penumbra. Sin embargo, yo irradiaba una gran luminosidad que me hacía destacar y resplandecer en medio de la oscuridad, revestido de poder y luz.

Yo estaba vestido con toda la armadura, tenía mi espada de doble filo en la mano derecha y mi escudo en la mano izquierda.

Cuando los demonios me arrojaban múltiples flechas de fuego, yo me defendía con mi escudo en mi mano derecha. Al entrar en contacto con mi escudo, las flechas se apagaban y el escudo resplandecía.

Después que me protegía con el escudo, después con mi espada en mi mano derecha hacia como que iba a cortar algo, y con mi espada derrotaba a una legión de demonios.

Mi espada despedazaba por mitad a todos los demonios, y los vencía. Mi espada tenía fuego del Espíritu Santo que quemaba a los demonios.

¿Quién piensa usted que iba al frente de mí, peleando mis batallas?

Respuesta: Jesús

¿Quién piensa usted que cuidaban mi retaguardia en mis batallas?

Respuesta: Los ángeles

Durante mis luchas espirituales intensas de día y de noche, fui observado y vigilado por ángeles quienes evaluaban mi desempeño y me proporcionaban entrenamiento adicional.

Además, se encargaban de protegerme de cualquier ataque sorpresivo por detrás. Esta experiencia me fue revelada durante mis batallas intensas en oración y guerra espiritual, de tal manera que obtenía victoria en mi combate espiritual.

Secreto #6
EL ESCUDO DE LA FE

El Señor Jesús me dijo que el escudo de la fe, es lo que Él da a cada creyente, según su capacidad de lucha para defensa propia.

El escudo de la fe es en forma vertical y medio ovalado de la mitad hacia abajo y tiene escrito en la parte de arriba: JESUS, DIOS, CRISTO. Luego más abajo en forma diagonal tiene un decorado de perlas muy hermoso.

Luego en forma vertical tiene: DOS CINTOS ROJOS (representa la sangre de Jesús, cobertura, protección), un cinto rojo a cada lado. Y en la parte de en medio del escudo tiene escrito: CRISTO

El escudo puede ser fortalecido o debilitado según la fe de cada creyente y como se alimenta de la Palabra de Dios. Así que es muy importante mantener una fe firme en Cristo, para que las flechas encendidas de fuego del maligno no le hagan ningún daño.

En una ocasión fui de compras a la ciudad y mientras me encontraba comprando todo parecía que iba bien, pero resulta que mi escudo de alguna manera se debilito y no me di cuenta.

Cuando tome el primer autobús para regresar a casa sentí los terribles efectos espirituales y físicos de tener el escudo débil y el

Señor Jesús me dijo que un dardo de fuego del maligno atravesó el escudo y me hizo mucho daño.

Por más de treinta minutos estuve muy debilitado física y espiritualmente y con mucho vomito. Agradezco a Dios que ese día había ido a comprar con mi esposa y ella fue quien me ayudo incluso para lograr caminar porque no podía ni caminar por mí mismo.

Entonces le dije a mi esposa que le llamara a las dos guerreras y ellas estuvieron orando y siguieron las órdenes de Dios para que yo me pudiera recuperar y así fue que mi recuperación fue casi de forma inmediata aunque estuvo muy débil por horas.

Después de esa experiencia nunca más me volvió a suceder lo mismo, pues decidí hacer frente a los ataques del enemigo en las siguientes ocasiones que salir a comprar a la ciudad.

Cuantos más bonitos se ven los centros comerciales en la capital de cualquier país, es cuanto más peligroso es espiritualmente y como creyentes debemos no perder el enfoque en Dios ni apartar la mirada del Señor Jesús por las cosas que parecen bonitas de este mundo.

Fortalece tu escudo

El Señor Jesús me dijo que el escudo de la fe debe mantenerse fortalecido y eso es responsabilidad del creyente. Para fortalecer el escudo de la fe es necesario que el creyente se mantenga fortalecido en Dios.

Cuanto más oración, mas ayuno y mas entrega tenga el creyente para mantenerse en santidad y tener una mente y corazón limpio, más fortalecido se mantendrá tanto el creyente como el escudo de la fe.

De tal manera que no habrá lugar para ser vulnerable ante los ataques del enemigo. No habrá lugar para que los dardos de fuego del diablo y los demonios hagan ningún daño. Sin embargo, es necesario no descuidarse ni confiarse cuando se mantiene o haya alcanzado una plenitud de llenura en el Señor.

Manténgase alerta y sea sabio. Lea hasta que se grabe en su memoria esto: Estar siempre alerta y ser sabio en todo lo que haga o diga para que el enemigo no tome ventaja alguna ni tampoco tenga algo de acusarle.

El escudo de la fe es muy hermoso al igual que la espada de doble filo, sin menospreciar las demás piezas de la armadura que son muy hermosas y de valor incalculable.

Creo firmemente que si los cristianos valoramos las cosas espirituales que Dios nos ha otorgado al igual que valoramos las cosas de este mundo, no cabe duda que las casas, mansiones, carros, y relojes más caros en este mundo no se podrían comparar ante lo poderoso y de valor incalculable que tiene la armadura de Dios.

Secreto #7

LA ESPADA DE DOBLE FILO

La espada en la armadura de Dios es muy importante. Existen dos tipos de espada, la espada de un solo filo, la cual es utilizada en la armadura de bronce y en la armadura de plata, y la espada de doble filo, la cual es utilizada en la armadura de oro.

El Señor me dijo que Él da espada de doble filo y pureza. La espada es para que el creyente pelee contra los enemigos grandes (gobernadores y principados) y la pureza es para que sean puros delante de Él, pero aquel que no está preparado no la puede tener.

Cuando el Señor Jesús me habló de la pureza también hizo referencia a la santidad total, pero sobretodo es importante entender que sin santidad el creyente no puede tener pureza.

La espada de doble filo, es la que se obtiene con la armadura de oro. Y lo que voy a decir a continuación es tal cual lo recibí del Señor Jesús.

La espada de doble filo: A un lado tiene escrito: DOBLE FILO y en el otro extremo tiene escrito: PUREZA

El Señor me ha mostrado en muchas ocasiones lo que se puede hacer con la espada de doble filo. En mis batallas me fue mostrado como yo usaba la espada en lo espiritual en mis batallas y en guerra espiritual.

En una ocasión usé mi espada para matar a una serpiente de unos 300 metros de largo y unos 30 metros de grosor que posaba en la calle principal cerca de mi casa.

En otra ocasión la espada la usé para matar a perros del infierno. Estos animales espirituales vienen del mismo infierno y son muy peligrosos y pueden dañar gravemente, e incluso matar a una persona. Y aunque solo se pueden ver espiritualmente, las luchas con este tipo de demonios es muy fuerte.

Puedo seguir narrando acerca de mis batallas espirituales, pero quiero dejar claro que la espada es un arma muy poderosa y solo se puede usar espiritualmente.

Es decir, que usted puede utilizar la espada de doble filo en oración, cuando adora y alaba a Dios, en cualquier momento, hable la Palabra (biblia) y en lo espiritual usted está usando la espada. Abra su boca, use su espada.

El Señor Jesús me ha dado la victoria en todas mis batallas. Y el comandante en jefe se llama Jesús, y él va al frente de todos sus pequeños guerreros, peleando las batallas juntamente con ellos.

¡Jesús le dará la victoria!

Como usamos la espada

En el libro del Apocalipsis, Jesús es descrito portando una espada aguda de dos filos que emana de su boca, la cual representa la Palabra de Dios. En el capítulo 1, Él camina en medio de Su iglesia, mientras que en el capítulo 19, Él regresa en Su gloria portando dicha espada.

Podemos hacer uso de la Espada del Espíritu para enfrentar las batallas espirituales, utilizando la propia arma de Dios para derrotar al enemigo. Esto lo logramos a través de:

Mantener nuestra fe en la Palabra que Dios nos ha entregado para nuestra situación específica, y confesarla ante los ataques del enemigo.

Recitar o cantar las Escrituras que aplican a la situación que estamos enfrentando.

Al igual que con las otras piezas de la armadura de Dios, la Espada del Espíritu depende de la fe para hacer realidad las promesas de Dios en nuestras vidas. Cuando nuestra fe se basa en las promesas de la Palabra de Dios, el vínculo espiritual que conecta nuestra espada con Dios se fortalece, dotándonos de poder espiritual.

ORACION EN LA BATALLA

El Señor Jesús me dijo que la mayoría de cristianos solamente buscan más de Él cuando se encuentran en alguna necesidad o están atravesando dificultades en sus vidas.

También me dijo que son pocos los cristianos en cada congregación, que buscan del Señor, son sinceros en sus oraciones, tienen temor de Dios y le alaban y le adoran cuando las cosas van mal.

Es importante saber que el cristiano sin oración es un cristiano muerto espiritualmente. Un cristiano sin oración, es un blanco fácil de derrotar por el enemigo. El cristiano que ora poco o casi no ora o simplemente no ora, tiene una vida vacía y carece de propósito y significado en la vida espiritual.

La oración en el campo de batalla y en la guerra espiritual es el arma de acción rápida para defenderse y atacar, para atar y desatar, para quebrantar y pactar, para abrir y cerrar, para sellar y para finalizar lo inconcluso en la vida del creyente.

La oración se vuelve muy eficaz cuando viene de un cristiano que vive en santidad, mantiene puro su corazón y mente. Este tipo de oración hace enfurecer al enemigo, hace retroceder al enemigo y hace huir al enemigo de vuestras almas.

El secreto para que la oración sea muy efectiva en la batalla y en la guerra espiritual es cuando se hace con la guía del Espíritu Santo y con el Poder del Espíritu Santo.

La oración es muy poderosa y quien ama la oración ya tiene mucha ventaja ganada en la batalla.

Un cristiano debe buscar ser diestro en la oración y la única manera de lograr tal capacidad de experiencia es pasando horas y horas hablando con Dios cada día.

La oración no es aburrida, el aburrido es el cristiano que no ha abierto las líneas de comunicación con el cielo. Una vez que los cielos se abren en su vida a través de la oración, difícilmente se cerraran si cada dia pasa horas de tiempo con Dios. Los ángeles ya no serán simplemente un estudio bíblico en su cabeza sino su jerarquía de ayuda espiritual en los momentos de necesidad.

Los ángeles se encargan de ministrar fortalecer, proteger, cuidar la espalda del cristiano, son ellos los encargados de cuidar cada paso que usted da y de ayudarlo en todo lo que usted hace para el reino de Dios y en su vida personal.

El Espíritu Santo ya no será un silbo apacible en su vida, sino mas bien la persona que le hablará cuando hay ruido, cuando hay silencio, cuando está sufriendo, cuando está en paz, cuando está en batalla, cuando está en guerra espiritual.

El Espíritu Santo es la persona más hermosa que he conocido en este mundo y es más real que usted y yo. Hable con el Espíritu Santo y desarrolle una relación intima y cercana con El y se dará cuenta como su vida y sus oraciones van a llevarlo a niveles de unción y poder que nunca imagino que existían.

EL ESPIRITU SANTO

"Porque no nos ha dado Dios un espíritu de cobardía, sino de poder, de amor y de dominio propio" (2 Timoteo 1:7).

El bautismo y la llenura del Espíritu Santo son esenciales para la resistencia, la firmeza y la victoria personal sobre los demonios y el diablo. Si actualmente no ha experimentado la presencia del Espíritu Santo en su vida y no ha recibido el bautismo, le recomiendo que continúe en oración hasta obtenerlo.

La cita bíblica de 2 Timoteo 1:7 es un pasaje que habla sobre el Espíritu Santo. En este versículo, el apóstol Pablo está escribiendo a Timoteo, su discípulo, para alentarle en su ministerio y recordarle la importancia de confiar en poder que viene de Dios.

El versículo comienza con la afirmación de que Dios no nos ha dado un espíritu de cobardía. La cobardía puede ser definida como el miedo a enfrentar situaciones difíciles o peligrosas como las batallas espirituales, o la falta de valor para hacer lo que se sabe que es correcto y no rendirnos ante los ataques del enemigo. En contraposición, Dios nos ha dado un espíritu de poder, amor y dominio propio.

El poder al que se refiere este pasaje no es el poder mundano, sino al poder del Espíritu Santo. Este poder nos da la capacidad de enfrentar cualquier batalla con valentía y confianza, sabiendo que Dios está con nosotros, nos sostendrá y nos dará la victoria.

El amor mencionado aquí es el amor que Dios tiene por nosotros y que nosotros debemos tener por los demás y aun por nuestros enemigos.

El dominio propio se refiere a la habilidad de controlar nuestros propios pensamientos y acciones para no permitir que el enemigo haga casa en nuestras mentes, y de no dejarnos llevar por las emociones o impulsos que pueden resultar en tentaciones y dar lugar al enemigo.

En conjunto, estos tres atributos del Espíritu que Dios nos ha dado nos permiten vivir una vida de victoria en victoria, y nos ayudan a ser más que vencedores en Cristo Jesús. Al tener poder, amor y dominio propio, podemos enfrentar los desafíos que se presentan en nuestra vida cotidiana y vivir de acuerdo con la voluntad de Dios.

La cita bíblica de 2 Timoteo 1:7 es un recordatorio de que, como hijos de Dios, no tenemos que temer nada porque poder de Dios a nuestro lado. Debemos confiar en su poder, vivir con amor hacia los demás y tener el control sobre nuestras propias vidas. Cuando lo hacemos, somos capaces de vivir una vida plena y ser verdaderamente libres.

COMO PONERSE LA ARMADURA DE DIOS

Es muy importante saber cómo ponerse toda la armadura sin faltar ninguna pieza para no sufrir daño en las batallas y en la guerra espiritual.

Oración:

Padre, tu guerrero(a) se prepara para la batalla. Hoy te pido la victoria sobre Satanás y los demonios al ponerme toda la armadura de Dios.

Te pido que me pongas el cinturón de la verdad. Para que pueda permanecer firme en la verdad de tu Palabra para no ser víctima de las mentiras de Satanás.

Te pido que me pongas la coraza de la justicia. Para que proteja mi corazón del mal para que permanezca puro y santo, protegido bajo la sangre de Cristo Jesús.

Te pido que me pongas los zapatos del evangelio de la paz. Para que pueda permanecer firme en la Buena Nueva del Evangelio para que brille Tu paz a través de mí y ser una luz en medio de las tinieblas.

Te pido que me pongas el escudo de la fe. Para que yo esté listo para apagar todos los dardos de fuego del maligno, así que no seré vulnerable a la derrota espiritual.

Te pido que me pongas el casco de salvación. Para que pueda mantener mi mente enfocada en Ti de tal manera que Satanás no tendrá una fortaleza en mis pensamientos.

Te pido que me pongas la espada del Espíritu. Para que la espada de dos filos de Tu Palabra esté lista en mis manos para que pueda exponer las palabras tentadoras de Satanás y derrotar a todos los demonios que se me opongan.

Todo te lo pido en el nombre de Jesús, amen.

Por la fe usted es un guerrero/a que se ha puesto toda la armadura de Dios. Ahora usted está listo para vivir este día en victoria espiritual y terrenal.

CONCLUSION

En este libro, he compartido revelaciones y experiencias y conocimientos sobre la armadura espiritual y las batallas que los cristianos enfrentamos en el mundo espiritual y que afecta nuestro vida cotidiana.

Es muy importante estar preparados y capacitados para luchar contra los enemigos del reino de Dios, y cómo la perseverancia y la obediencia son clave para ascender a niveles más altos en la armadura espiritual.

El Señor Jesús es nuestro comandante, es el Señor de los Ejércitos y si El va delante de nosotros en las batallas y en la guerra espiritual, la victoria está asegurada. Además, la ayuda de los ángeles y el Espíritu Santo son fundamentales para tener éxito en la lucha espiritual.

La armadura de Dios y la lucha contra los enemigos es una parte esencial de la vida cristiana, y es necesario estar preparados y equipados para enfrentar cualquier adversidad que se nos presente.

Si usted ha leído hasta el final de este libro quiero felicitarlo y a la misma vez animarle a que nunca se de por vencido ante las dificultades difíciles y batallas que pueda estar enfrentando ahora mismo.

Nunca, pero nunca dude de que Dios esta con usted. Dios siempre estará con usted y que eso no haya duda ni en su mente ni en su corazón.

Haga más esfuerzo y duplique su tiempo con Dios, duplique su tiempo de oración, y si es necesario duplique sus tiempos de ayuno y entrega a Dios.

Cuanto más de Dios haya en su vida, tendrá más fortaleza, mas resistencia, más capacidad de lucha y firmeza en el Señor.

La armadura es una de las armas poderosas en Dios que nos han sido otorgadas para nuestra resistencia, mantenernos firmes y vencer a través de Cristo Jesús.

ACERCA DEL AUTOR

JORGE BARRIENTOS es un renombrado autor y escritor cristiano, así como también un destacado predicador y orador con más de quince años de experiencia en servicio a Dios. A través de Internet, ha proporcionado asistencia a miles de cristianos de todo el mundo.

El autor cuenta con una extensa bibliografía que abordan temas de guerra espiritual, estudios bíblicos, libros de inspiración, testimonios impactantes y revelaciones divinas. Sus obras cristianas se encuentran disponibles en las tiendas más populares en línea y en su sitio web personal.

A través de su blog, www.jorgebarrientos.org[1], y sus libros, ha hecho una contribución significativa en la edificación de los cristianos en áreas tales como el crecimiento espiritual, la autoayuda y la guerra espiritual. Las enseñanzas del autor son una herramienta valiosa para aquellos que buscan una mayor comprensión de la guerra espiritual y su aplicación en la vida cotidiana.

Si está buscando recursos para fortalecer su fe y ampliar su conocimiento bíblico, no dude en explorar las obras de este gran autor.

Sitio web:

www.jorgebarrientos.org[2]

1. http://www.jorgebarrientos.org

Correo electrónico:

barrientosjaf@gmail.com

Donaciones:

paypal.me/jafbarrientos[3]

2. https://www.jorgebarrientos.org/

3. https://www.paypal.com/donate/?hosted_button_id=DTCGGKVDVYD2S

www.ingramcontent.com/pod-product-compliance
Lightning Source LLC
LaVergne TN
LVHW101954220826
846093LV00006B/216

* 9 7 9 8 2 1 5 8 1 3 3 3 1 *